**Chaparral 2G**

McLaren Chevrolet

Lotus 30 Ford

McKee Mk 10 Chevrolet

Lola T70 Chevrolet

McLaren Ford 429er

Lola T70 Chevrolet

McLaren M8B Chevrolet

McLaren M12 Chevrolet

McLaren Chevrolet

Lola T160 Chevrolet

Made in the USA
Coppell, TX
04 May 2021